El Líder Cristiano

Genaro Poot May

Published by Genaro Poot May, 2024.

EL LÍDER CRISTIANO

First edition. May 14, 2024.

ISBN: 979-8224563319

Written by Genaro Poot May.

El Líder Cristiano

Cómo realizar con éxito el liderazgo cristiano

Genaro Poot May

Tabla de contenidos

Agradecimientos

A los Ministros que me han bendecido al permitirme ser su pastor, líder, mentor y amigo.

A mis padres que para mi han sido ejemplo de honestidad, generosidad y trabajo.

A mi esposa, hijos y nietos que me acompañan en mi trayecto.

Prólogo

El libro "Liderazgo Cristiano" nace, no de la reflexión solamente ni de la pura investigación de otros autores; nace como producto del quehacer diario en mis distintas actividades por más de 35 años en el Ministerio como pastor, maestro y, los últimos tres, como Directivo de la Iglesia Internacional del Evangelio de Cristo, A. R.

Fue en el desempeño diario de mi labor de liderazgo, con sus éxitos y fracasos; con sus risas y llantos; con sus aciertos y desaciertos donde se originó este libro.

Trato aquí ocho áreas, que bien implementadas, ayudarán a realizar un liderazgo cristiano de mayor alcance y resultados: Los fundamentos del liderazgo cristiano, el Espíritu Santo en el liderazgo, el activo más valioso del líder, construyendo tu liderazgo, las ocupaciones del líder, el ambiente de trabajo, enrolar nuevos liderazgos, y principios que rigen al liderazgo.

Este libro va enfocado a la persona y praxis del líder cristiano, y puede ser de utilidad a cualquiera que ejerce un liderazgo o siente el llamado para ello.

Mi humilde aportación a este hermoso campo de servicio en La Viña del Señor, esperando te sea de bendición.

Capítulo 1. Los fundamentos del liderazgo evangélico

El eclecticismo en el liderazgo Evangélico

Porque la Iglesia se ha sentido atraída por el mundo, el eclecticismo se infiltró en muchas de nuestras disciplinas: Consejería-Psicología, Iglecrecimiento-Mercadotecnia, Misiones-Sociología, etc. El liderazgo no ha corrido mejor suerte, pues muchos líderes cristianos quieren parecerse a los líderes seculares y ejercen como ellos. ¡De lo que se perdieron los Apóstoles! Ellos no tuvieron esas disciplinas seculares para ser mejores líderes (ironía).

Aquí enfocaré el liderazgo cristiano tratando de no mezclarlo con tantos conceptos de liderazgo secular.

1. Necesidad de líderes y servidores

Todo grupo humano necesita de líderes, y el Reino de los Cielos aquí también los necesita porque estamos en constante crecimiento y desarrollo. Necesitamos líderes con las competencias requeridas, pero viviendo, y transmitiendo también los principios bíblicos, morales y espirituales en amor y justicia a los liderados.

Mientras más visionaria sea la iglesia, activa y en crecimiento, más líderes y servidores requiere...

—Para que el Ministerio no recaiga en un único hombre

Las ovejas deben ser capacitadas y entrenadas (perfeccionadas) para involucrarse en las distintas labores realizables dentro de la iglesia y fuera de ella. Si las ovejas no se involucran en el ministerio pastoral, el pastor estará muy limitado en su alcance y en sus frutos, y muy agobiado, cansado y estresado al recaer todo el trabajo en él.

—Para proveer sentido de utilidad a las ovejas

Para dar a las ovejas la satisfacción de llevar frutos a su Señor a través de un servicio o ministerio desempeñado por ellas. Todos tenemos sentido de pertenencia y de utilidad. Pertenecemos a la iglesia, pero queremos sentirnos útiles; mirar que estamos sirviendo al Señor y que obtenemos los frutos de nuestro trabajo en la Viña del Señor. (Tomado de mi libro: "Se Busca Una Iglesia").

Una oveja capacitada, ocupada y obteniendo satisfacciones en las labores encomendadas, es una oveja sana y productiva.

Si una iglesia no está organizándose ni capacitando constantemente a servidores y líderes, es una iglesia apagada sin rumbo ni propósito en el Reino; no tiene mucho para ofrecer a las ovejas deseosas de crecer y servir al Señor. Pero una iglesia creciendo sostenidamente, requiere infinito personal...

2. Infinitas oportunidades de servicio, liderazgo y Ministerios en el Reino

Siempre la Iglesia necesitará servidores, líderes y Ministros en las siguientes áreas:

- Predicadores
- maestros
- líderes
- encargados de cultos
- músicos
- cantores
- intercesores
- ministradores
- construcción
- mantenimiento
- informáticos
- trabajos administrativo y contable
- servicios legales
- servidores en general
- Etc.

Y entre más gente sea preparada y entrenada en las distintas oportunidades de ministerio y servicio de la iglesia, mucho mayor serán los resultados que obtenga. (Tomado de mi libro: "Se Busca Una Iglesia").

3. El perfil básico del líder evangélico

Cuando la Iglesia Primitiva empezó a crecer y, por ende, las labores a realizar, ella comenzó a estructurarse...

> *Buscad, pues, hermanos, de entre vosotros a siete varones de <u>buen testimonio</u>, <u>llenos del Espíritu Santo</u> y de <u>sabiduría</u>, a quienes encarguemos de este trabajo... Agradó la propuesta a toda la multitud; y eligieron a Esteban, varón <u>lleno de fe</u> y <u>del Espíritu Santo</u>.... (Hechos 6:3,5).*

Aunque esta es una elección de servidores de la mesa, quienes atenderían la distribución diaria a las viudas, y no propiamente una labor de liderazgo, de este acontecimiento debemos aprender: si hay altos requisitos para atender las mesas, ¡también los hay para dirigir gente!

Fueron cuatro las características exigidas en el pasaje dado para ser servidor de las mesas. Y estos son los cuatro requisitos básicos o primarios a pedir a todo servidor, líder o Ministro, en todos los tiempos:

- Buen testimonio
- Llenos del Espíritu Santo
- Llenos de sabiduría
- Llenos de fe

a) De buen testimonio

Principio 1: No habrá líder evangélico creíble si no hay buen testimonio.

Todo líder evangélico en la iglesia o en su organización, debe ser ejemplo a seguir y fuente de inspiración para los demás...

El mal testimonio del liderazgo afecta a la iglesia. Por ejemplo, si el consejero es fiel en la iglesia en todas las áreas, pero es conocido por su vecino como peleonero y problemático del barrio; si un día llegara el vecino a la iglesia y viera al consejero en el púlpito, hablando muy bonito... ¿se sentirá motivado el visitante a quedarse en esa iglesia?

Miembros problemáticos y de mal testimonio no inspiran a la gente nueva a acercarse a la iglesia.

Líderes con mal testimonio no tendrán la autoridad moral ni espiritual para dirigir a nadie y muchos no desearán estar a su lado.

Un líder o Ministro "cristiano" ejerciendo con mal testimonio no logra seguidores entre los evangélicos serios, conocedores de la Palabra y temerosos de Dios; apenas descubran su doble moral le abandonarán y no regresarán...

b) Lleno del Espíritu Santo

Nosotros, los pentecostales, creemos en el Bautismo en el Espíritu Santo como una experiencia posterior y distinta a la experiencia de salvación. Respeto los credos de otras denominaciones cuando afirman estar todos bautizados en el Espíritu Santo al momento de creer, y no es mi propósito aquí hacer un debate al respecto.

Cada uno parte de su conocimiento y de su experiencia. Y mi experiencia es dentro de la iglesia pentecostés, gracias a Dios; y desde ella hablo.

El bautismo en el Espíritu Santo es la manifestación inicial del Espíritu en la persona, con la evidencia de hablar alguna nueva lengua. Y las manifestaciones posteriores, continuas, le llamamos "llenura del Espíritu Santo". No es lugar aquí para hacer un estudio al respecto.

Si los Apóstoles pidieron esos requisitos de entre la multitud de los discípulos, y discípulos eran quienes ya habían creído, posiblemente a algunos les faltaba o buen testimonio, o la llenura del Espíritu, o sabiduría, o fe...

El sello espiritual en el liderazgo

Un líder espiritual es quien está manifestando en su vida y liderazgo los Dones y el Fruto del espíritu.

Los dones y el fruto del Espíritu no son productos de la voluntad o del esfuerzo del creyente; son manifestaciones del Espíritu, y únicamente el Espíritu los produce.

Imagínese un maestro de escuela dominical de niños, manifestando Dones y Fruto en su labor... o un director de alabanza, o un consejero, ¡qué bendición! Pero esto sólo se da en quienes son llenos del Espíritu.

c) Lleno de sabiduría

La sabiduría se expresa con conductas apropiadas en base a conocimientos y experiencias adquiridas.

Por la naturaleza de su trabajo el líder evangélico no solamente requiere de su sabiduría humana, sino también de la sabiduría dada por Dios.

Y si alguno de vosotros tiene falta de sabiduría, pídala a Dios, el cual da a todos abundantemente y sin reproche, y le será dada. (Santiago 1:5).

d) Lleno de fe

Aquí la fe se refiere a la fe en Dios, necesaria en el líder evangélico, pues hay momentos donde solamente le quedará confiar y esperar en Dios...

A diferencia de otros líderes, cuando todo es insuficiente, el líder evangélico se refugia en su fe en Dios que le llamó, le sustentará y dirigirá.

4. Perfil complementario/especial del líder evangélico

Los líderes cristianos de iglesias locales u otros niveles, deberán tener...

- Membresía fiel y activa en la Iglesia o Asociación Religiosa donde ministran.
- Comunión con Cristo. Estén disfrutando de una genuina relación con Cristo

- Madurez cristiana
- Crecimiento y capacitación continua. Estén en continuo crecimiento intelectual y espiritual, y tomen cursos de capacitación para liderazgo
- Su familia en orden
- Manejo de recursos informáticos
- Disponibilidad, aparten el tiempo necesario para sus funciones de liderazgo
- Capacidad de trabajar en equipo. Sepan trabajar en armonía con el pastor y la congregación
- Conocimiento de la doctrina, gobierno y disciplina de la iglesia
- Buen carácter, es decir, sean afables
- Manejo de Redes Sociales. Sepan manejar grupos de Whatsapp y otras redes, o estén dispuestos a aprender

5. Ideas equivocadas sobre liderazgo

Liderazgo no tiene que ver con ser administrador, ni influencer, ni graduado en algo, ni rico, ni famoso, ni poderoso, ni con fundar y dirigir empresas o asociaciones; ni con estar en el best seller o ser el primero en algo... uno pudiera ser o tener todo lo anterior sin necesariamente ser líder.

Ahora vamos a elaborar el concepto de líder evangélico...

6. Concepto de líder evangélico

Un líder evangélico es **un cristiano maduro** en el evangelio, con las **competencias** morales, espirituales, bíblicas, teológicas, y técnicas, facilitando a un grupo recursos, apoyo y dirección para alcanzar objetivos comunes, corporativos y personales.

7. Desglosando el concepto de líder cristiano

a) Cristiano maduro en el evangelio

Principio 2. El liderazgo en cualquier grupo evangélico siempre debe recaer en una persona evangélica madura, nunca en un neófito.

EL LÍDER CRISTIANO

Todo candidato a líder evangélico debe ser un cristiano maduro en el evangelio, porque debe tener el conocimiento, la fe y la experiencia en el credo y praxis cristiana.

Como bien dijo Pablo:

...no un neófito, no sea que envaneciéndose caiga en la condenación del diablo. (1ª. Timoteo 3:6).

El liderazgo cristiano lo ejerce un cristiano

Aunque un líder cristiano pudiera ser líder de alguna organización no cristiana, NUNCA un líder inconverso debe ser líder de una organización cristiana; el liderazgo cristiano debe ejercerlo siempre un cristiano, nunca un inconverso.

b) El liderazgo cristiano requiere ciertas competencias

Principio 3. El líder evangélico debe poseer las competencias propias para la labor de liderazgo.

Significado de competencias

Las competencias integran conocimientos, habilidades y actitudes. Son susceptibles de ser aprendidas y pueden, por ello, ser enseñadas. Se puede considerar que no se trata de habilidades definitivas ni agotadas en sí mismas, sino que se desarrollan permanentemente en la medida que varían las circunstancias de aplicación y se pueden mejorar su eficacia y eficiencia. Tiene perfecto sentido que digamos que se puede ser cada vez más competente en un ámbito en el cual se actúa de manera continuada y con afán de mejora. (Sarramona, 2007, p.32). (López Gómez, Ernesto. En torno al concepto de competencia: un análisis de fuentes. Profesorado. Revista de Currículum y Formación de Profesorado, vol. 20, núm. 1, enero abril, 2016, pp. 311-322. Universidad de Granada, Granada, España).

c) El ser y el hacer del líder cristiano

El liderazgo cristiano requiere ciertas competencias personales, pero también es necesario tener buen testimonio; es decir, el ser y el hacer son dos requisitos inseparables del liderazgo cristiano; persona y praxis deben estar unidas y acordes en el líder cristiano. En el liderazgo secular puede darse una separación de la vida laboral y la vida personal, pero en el liderazgo cristiano no es posible. La vida personal y familiar del líder es conocida y sirve de buen ejemplo y soporte de su labor.

Buen testimonio

Principio 4. Lo primero en atraer a la gente hacia el líder cristiano es su buen testimonio.

El líder cristiano representa a su Señor, pero también a la organización donde sirve: es la "cara" de ella. Como el líder se desempeña se piensa es el desempeño de la organización. Pudiera decirse: "Tal el líder, tal la organización". Por lo anterior, pedimos a los líderes de nuestra Organización representen dignamente a Cristo, porque así, de igual forma, estarán representando a la Organización que les ha conferido el privilegio de ser parte de su liderazgo. Pedimos a nuestros Ministros y Líderes tengan siempre en cuenta la recomendación de San Pablo:

Ten cuidado de ti mismo y de la doctrina... (1ª. Timoteo 4:16).

El liderazgo cristiano es muy distinto al liderazgo secular y hacer esta separación no es una distorsión social. Es necesario hacer esta separación porque los principios y valores del liderazgo cristiano pueden implementarse en cualquier organización secular, pero lo contrario no es posible...

Un líder cristiano, bien pudiera liderar una organización no cristiana, pero nunca un no cristiano debe liderar una organización cristiana.

Así como en la predicación la erudición y la unción no deben estar separados, así en el liderazgo la santidad y la eficiencia no deben estar divorciados: deben ir de la mano.

d) El líder cristiano debe ser lleno del Espíritu Santo

Principio 5. La evidencia de un liderazgo genuinamente evangélico, es la llenura del Espíritu Santo.

La llenura del Espíritu Santo en el líder le dará las manifestaciones —Dones y Fruto— para realizar más eficientemente su trabajo.

e) El líder cristiano beneficia al grupo de seguidores

Principio 6. El líder cristiano siempre está aportando beneficios a sus seguidores.

Esa gente confía en el líder, le respeta, aprende de él, le sigue y recibe beneficios constantes de su liderazgo. Si alguien se siente líder, pero no está beneficiando en nada a nadie, será cualquier cosa, pero no líder...

f) El líder cristiano es un facilitador de recursos, apoyo y dirección

Principio 7. El liderazgo cristiano es facilitar a otros: recursos técnicos, materiales, espirituales y ministeriales para desarrollarlas, dirigirlas y apoyarlas con sabiduría...

El líder es un facilitador. Independientemente de los diversos conceptos de liderazgo, lo principal es que el líder es un facilitador: Facilita a los demás los recursos adecuados y suficientes para alcanzar objetivos propios y corporativos a través de su conocimiento, su visión, su experiencia, su motivación, apoyo y dirección.

Si alguien se llama líder, pero no está proveyendo recursos ni dirección a nadie, está mal utilizando la palabra "líder".

g) El líder cristiano alcanza objetivos corporativos y personales

Principio 8. El líder cristiano logra los objetivos corporativos, pero también ayuda a su gente a alcanzar sus objetivos personales.

El liderazgo procura equipar, apoyar y dirigir a la gente para alcanzar fines corporativos y para alcanzar sus fines personales.

Los resultados del buen liderazgo, es precisamente la consecución de los objetivos. Si te crees líder, pero no estás alcanzando objetivos corporativos ni estás ayudando a otros a alcanzar sus objetivos personales, no eres líder.

8. ¿Cuándo se es líder?

Uno no llega a ser líder cuando se cuelga o le cuelgan el título de líder al terminar una conferencia o un curso de liderazgo, o cuando monta su propia empresa o asociación, o cuando alcanza cierto número de seguidores en sus redes sociales, o cuando empieza a dar charlas motivacionales o consejos, o cuando simplemente se crea líder... Uno ha empezado a ser líder cuando reúne los requisitos mencionados.

9. Liderazgo versus administración

La administración se encarga básicamente de mantener el status quo y el liderazgo de los cambios o innovaciones. Todo líder debe ser administrador, pero no todo administrador es líder.

10. Tipos de liderazgo
—Tres tipos de liderazgo, en cuanto a su origen
Hay tres tipos de liderazgo, tomando en cuenta su origen:

- El liderazgo impuesto
- El liderazgo electo y
- El liderazgo por llamado divino

—Tres tipos de líder, en cuanto al alcance de su labor
a) El líder pionero

El líder pionero es quien inicia una empresa, una organización o un proyecto; quien sienta las bases, organiza, hace funcionar y desarrolla la empresa.

Para el líder pionero no hay ni escalones, ni veredas, ni elevadores, ni manuales, ni recursos suficientes; sólo hay cardos, espinos y aridez en la empresa recién iniciada, pero una gran visión, mucho trabajo y mucha fe del líder pionero.

b) El líder administrador

El líder administrador es quien recibe del líder pionero la empresa y la mantiene funcionando en lo ya logrado.

c) El líder detonador

Este líder es quien toma una empresa estancada o en caída, y la detiene e impulsa de nuevo hacia sus niveles o nuevos niveles de éxito.

11. Los grandes compromisos del líder

a) Lleva toda la responsabilidad

Todo lo que pase o deje de pasar en la organización es responsabilidad del líder; nadie más comparte esta responsabilidad.

b) Tiene la última palabra

La última palabra, a falta de consenso, la tiene siempre el líder.

Al recaer en el líder toda la responsabilidad de la organización, también la última palabra en los asuntos o agenda recae sobre él. Este es un derecho y privilegio que mi gente me recuerda ejercer cuando en algún asunto no encontramos consenso.

c) Tiene mayor conocimiento y experiencia

Por lógica, se espera en el líder el mayor conocimiento y experiencia en los distintos asuntos de incumbencia al grupo de trabajo. Esto no quiere decir que el líder lo sabe todo, pero tiene la habilidad para procurarse el conocimiento y todo lo necesario para cumplir su labor.

d) Está a cargo del timón

El líder es quien tiene la visión hacia dónde dirigir a la organización, cómo y cuándo avanzarla o detenerla. Esto no quiere decir que el líder no escuche opiniones y sugerencias de su gente; el buen líder siempre lo hace.

12. Características esenciales del líder cristiano

El liderazgo cristiano tiene ciertas características propias, no encontrables en liderazgo secular.

a) El liderazgo evangélico es un llamamiento divino

Principio 9. El liderazgo evangélico genuino es un llamado de Dios.

El verdadero liderazgo cristiano no se origina en la iniciativa del hombre, sino en la de Dios; es decir no se da por la predisposición de quien quiere ser líder, ni en el nombramiento o imposición humana: Así como se requiere un llamado de Dios para el Ministerio, así también se requiere un llamado de Dios para un liderazgo cristiano genuino y de bendición. Toda la Biblia muestra a hombres y mujeres llamados por Dios para distintas funciones de liderazgos y Ministerios.

b) El llamado al Ministerio no sabe la amplitud de su llamado

Quizá tú sientas un llamado de Dios únicamente para Pastor, Evangelista, Misionero, o Maestro. Pero no descartes su llamado para otros ministerios, en posiciones de liderazgos, y en otras actividades donde desempeñarás un Ministerio amplificable con el tiempo y tu experiencia. En mi caso, yo solamente pensé en ser Maestro, y Dios me ha usado en distintos Ministerios, liderazgos y actividades como escribir, sin haberlo imaginado...

Quien es llamado por Dios no ve impedimentos, ve posibilidades; no piensa en salario, piensa en servir; no piensa en los costos, piensa en los frutos... Quien ha sido llamado por Dios tiene la capacidad de hacer a un lado su proyecto de vida, para hacer del Ministerio su vida misma.

Sólo el llamado conoce su llamamiento, al princípio; pero ese llamamiento pasa por un proceso: llamamiento, confirmación, preparación, comisión y administración...

Pero hay quienes sólo quieren el nombramiento para sentirse "superiores" a los demás; y en vez de ver el liderazgo como una plataforma para servir a otros, lo ven como una plataforma para servirse de los demás...

c) El liderazgo cristiano es lineal, no piramidal

Principio 10. En el liderazgo cristiano no hay líneas de poder, sólo de comunicación.

El sistema jerárquico en cualquier organización está basado en rangos ascendentes como una escalera o pirámide.

En cuanto a jerarquía o poder, el liderazgo cristiano debe ser lineal, sin niveles de poder; los niveles únicamente son necesarios como línea de responsabilidad, comunicación, y rendición de cuentas, pero no como línea de poder o superioridad.

En el liderazgo cristiano no hay niveles de poder, pero sí de funciones, responsabilidades, y compromisos. La mesa redonda es adecuada para representar la igualdad en posiciones y privilegios ante Dios, pero no la responsabilidad de conducir la Organización ni de las cuentas a rendirle por ese privilegio. Siempre será mayor la responsabilidad del líder:

porque a todo aquel a quien se haya dado mucho, mucho se le demandará; y al que mucho se le haya confiado, más se le pedirá. (Lucas 12:48).

Aunque en el liderazgo cristiano no debe existir "superiores" porque idealmente todos los cristianos somos iguales, entre el líder y su gente hay las siguientes marcadas diferencias:

d) La motivación del líder cristiano

Principio 11. La única motivación del genuino líder cristiano es ser servidor de quienes lidera.

¿Qué motiva al líder cristiano a ser líder?

Su motivación no es...

- Ni el dinero
- ni el poder
- ni las jerarquías
- ni los privilegios
- ni el reconocimiento.

La única motivación del líder cristiano debe ser SERVIR, pues como dijo Cristo: "...el que de vosotros quiera ser el primero, será siervo de todos". (Marcos 10:44).

e) El liderazgo de la toalla

Así que, después que les hubo lavado los pies, tomó su manto, volvió a la mesa, y les dijo: ¿Sabéis lo que os he hecho? Vosotros me llamáis Maestro (didaskalos), y Señor (kurios); y decís bien, porque lo soy. Pues si yo, el Señor y el Maestro, he lavado vuestros pies, vosotros también debéis lavaros los pies los unos a los otros. (Juan 13:12-14).

El Señor y Maestro lavó los pies de sus Discípulos y les pidió preservar esta práctica para recordar la igualdad entre ellos: no hay jerarquías, no hay grandes ni pequeños, ni señores ni esclavos; quien se crea más grande también debe tener la humildad de lavar los pies a sus hermanos.

Precisamente, el líder cristiano, para ser reconocido como tal, no se considera el principal o señor de su gente: Se considera servidor y esclavo voluntario de ellos; para el mundo suena descabellado, pero en el cristianismo Cristo lo estableció así.

f) El liderazgo cristiano no es enseñorearse

Principio 12. El líder cristiano no se enseñorea de su gente, es servidor de ellos.

El liderazgo cristiano es una vida de servicio a otros, no es enseñorearse de ellos; es ayudarlos, no esclavizarlos.

*Entonces Jesús, llamándolos, dijo: Sabéis que **los gobernantes** (arcontes) de las naciones **se enseñorean (katakurieúousin)** de ellas, y **los que son grandes** (megáloi) **ejercen sobre ellas potestad (catexousiázousin)**. (Mateo 20:25-28).*

Es decir, los arcontes y los megáloi —los gobernantes y los grandes— son los señores, ejercen dominio, oprimen con autoridad, sujetan bajo su autoridad a quienes gobiernan.

Pero entre los seguidores de Cristo, todos los aspiracionistas a ser megas o protos (grandes o principales) entre el pueblo de Dios, al estilo de los gobernantes y de los grandes del mundo, no deben tener cabida...

Si hay cristianos aspirantes al nombramiento solamente para sentirse "superiores" a los demás; en vez de ver el liderazgo como una plataforma para servirlos, el texto mencionado sugiere dos posibles tratos para ellos...

—Ejerzan un liderazgo sirviendo

Mejor ejerzan su liderazgo sirviendo y siendo esclavos voluntarios de los demás.

Cristo se puso de ejemplo:

como el Hijo del Hombre no vino para ser servido, sino para servir, y para dar su vida en rescate por muchos. (Mateo 20:28).

—No se les permita un liderazgo

Pero también puede entenderse de esta forma: Quienes quieran ser grandes o principales entre el pueblo de Dios, al estilo de los gobernantes o los grandes del mundo, mejor no se les permita llegar al liderazgo, sino ocúpenlos siempre como servidores y siervos.

¿Te imaginas a un "macho alfa" con el ego súper inflado, o a un militar de férrea disciplina, o algún policía ejerciendo un liderazgo cristiano?

A quienes provengan de liderazgos o corporaciones de estrictas disciplinas, se les debe apoyar y orientar mucho, previamente, si tuvieran potencial y se les quiere usar en el liderazgo cristiano.

Hay pastores acercándose a las organizaciones religiosas buscando dinero, privilegios y jerarquías. Andan buscando en cómo pueden beneficiarse de una organización en vez de buscar en cómo pueden servir dentro de ella. No debemos cerrarles la puerta de inmediato, pues tal vez todavía podamos edificar positivamente en sus vidas; pero no basamos en ellos el crecimiento de nuestra Organización, porque muy seguro se marcharán al no lograr sus pretensiones...

g) El líder cristiano ejerce con humildad, no con vanagloria

...y todos, sumisos unos a otros, revestíos de humildad; porque Dios resiste a los soberbios, Y da gracia a los humildes. (1ª. Pedro 5:5).

La humildad no te quita autoridad ni títulos ni dignidad ni unción ni nada... Te da una mejor sólida plataforma de liderazgo cristiano.

h) La calidez humana en el liderazgo

En el liderazgo cristiano ha faltado esa calidez humana y preocupación por la situación y necesidades de los seguidores.

Muchos líderes velan nada más por los intereses propios y de la organización: exigen a los pastores obediencia y fidelidad, pero no se interesan en la situación y condición de ellos ni de sus familias.

Es muy común en los cambios pastorales o nombramientos, que la organización piense en suplir sus necesidades, pero no toma en cuenta si al pastor le conviene o no ese cambio o nombramiento. A lo más se le comunica antes, pero se espera obediencia y punto... El lado humano del líder respeta el derecho de su gente a ser considerados y apoyados en sus circunstancias.

En los cambios pastorales, por ejemplo, la parte humana en el liderazgo evita separar familias con cambios a otros Estados, conveniente para la Asociación, pero sin considerar si algún hijo deberá quedarse ahí a concluir un último grado profesional.

Oí repetir muchas veces a un administrador cristiano: "La administración es fría y se hace con el cerebro, no con el corazón". Nunca estuve convencido de eso. En el liderazgo del mundo eso pudiera ser válido, pero no en el liderazgo cristiano. En el liderazgo cristiano se requiere ambos: cerebro y corazón y, además, se requiere lo espiritual.

i) La forma de negociar del líder evangélico

La mayor labor del líder es la negociación en una infinidad de situaciones previstas o no. Procuro seguir este modelo para negociar justamente.

- Orar
- Iniciar-Escuchar
- Entender
- Empatizar
- Agradecer
- Aclarar-enseñar
- Proponer-aceptar-rechazar
- Orar-ministrar

j) Los recursos del liderazgo evangélico

Cuando en el mundo secular un Director de empresas catapulta su compañía, es muy loable. Un líder secular tiene mayores ventajas, humanamente hablando; su gente le seguirá y hará lo que él diga, porque tiene los elementos adecuados para imponerse:

- Las jerarquías a ofrecer
- Los sueldos y salarios a pagar
- Los bonos y recompensas de productividad
- Las prestaciones

- Los ascensos y aumentos de sueldos y salarios
- El apoyo de las leyes laborales

Pero en un liderazgo cristiano, donde la labor se realiza con personal voluntario, donde no se cuenta con los elementos anteriores… Es aquí, cuando sin contar con los "elementos motivadores" mencionados, donde se da el liderazgo puro: El líder cristiano solamente cuenta con sus aptitudes, actitudes y la Gracia Divina que le acompaña.

En el liderazgo secular la obediencia al líder se da por conveniencias: Sueldos, prestaciones, conservación del trabajo, ascensos, etc. Y el líder sabe suyos estos elementos para imponerse. Pero en el liderazgo cristiano no se cuenta con mucho para presionar…

Es en el marco del voluntariado donde se da el liderazgo puro, genuino; pues el líder no cuenta con muchos recursos de presión: Solamente cuanta con su capacidad de persuadir y motivar para lograr la colaboración de su gente.

Principio 13. Un recurso propio del líder cristiano es el respaldo de Dios.

k) La autoridad moral del líder

Quien es inmoral no es cristiano ni mucho menos debe ser pastor ni líder cristiano. Y la moralidad se mide de acuerdo a la Escritura, no de acuerdo al vaivén ideológico social.

Fuera esos pastores y líderes "cristianos" inmorales doble vida infiltrados en las iglesias evangélicas, y en las Organizaciones cristianas. Lo ayer declarado por Dios como pecado sigue siendo pecado hoy; lo llamado por Dios como abominable, sigue siendo abominable; la mezcla de lo santo con lo profano fue condenado y seguirá siendo condenado por Dios.

l) La autoridad espiritual del líder

La autoridad espiritual del líder consiste en la sensación de: "Dios está con el líder" respaldando y confirmando sus palabras, decisiones y acciones en el liderazgo.

La autoridad espiritual de un líder es el resultado de la combinación de su calidad moral, su conocimiento vivencial de Dios y de su Palabra, su preparación teológica y, sobre todo, de su vida devocional en santidad a Dios. Nadie sin autoridad moral ni espiritual debe ser ocupado en el liderazgo cristiano.

m) Los objetivos principales del liderazgo evangélico

El objetivo principal de un líder secular es el desarrollo exitoso de su organización, el cual será reflejado en la acumulación de mayores recursos financieros y materiales para ella.

Los objetivos principales de los Ministerios y del liderazgo cristiano son el engrandecimiento integral, sostenido y productivo del Reino de los Cielos en esta tierra: Si no hay crecimiento sostenido de congregaciones saludables, si no hay nuevos Ministerios y liderazgos capacitados, si no hay crecimiento bíblico-teológico, y si no hay la obtención de los recursos necesarios para todo lo anterior, hermanos míos, como líderes, no estamos haciendo nada para Dios.

Principio 14. Los objetivos principales del liderazgo cristiano giran en torno al cumplimiento de La Gran Comisión; si no es así, no es liderazgo cristiano.

La Gran Comisión en su totalidad

Debemos entender bien todo lo requerido en La Gran Comisión para realizarla bien, o si no, la realizaremos a medias, con resultados a medias...

La Gran Comisión en su totalidad, incluye:

1) Predicar (Marcos 16:15)

*Y les dijo: **Id** por todo el mundo y **predicad** el evangelio a toda criatura. El que creyere y fuere **bautizado**, será salvo; mas el que no creyere, será condenado. (Marcos 16:15-16).*

2) Discipular o Enseñar (Mateo 28:19)
3) Bautizar (Mateo 28:19)

*Por tanto, **id**, y **haced discípulos** a todas las naciones, **bautizándolos** en el nombre del Padre, y del Hijo, y del Espíritu Santo; **enseñándoles** que guarden todas las cosas que os he mandado.... (Mateo 28:19-20).*

Evangelizar, discipular y bautizar en agua, son las labores primarias, inmediatas y urgentes, de la Gran Comisión. Pero no todo termina ahí... La Iglesia Primitiva hizo otras labores...

4) Recibir miembros de la Iglesia (Hechos 2:41)

Así que, los que recibieron su palabra fueron bautizados; y se añadieron aquel día como tres mil personas. (Hechos 2:41).

5) Reclutar y entrenar para la obra del ministerio

*Y él mismo constituyó a unos, apóstoles; a otros, profetas; a otros, evangelistas; a otros, pastores y maestros, a fin de perfeccionar a los santos **para la obra del ministerio**... (Efesios 4:11-12a).*

6) Edificar el Cuerpo de Cristo

*...para la **edificación del cuerpo** de Cristo (Efesios 4:12b).*

Los objetivos de La Gran Comisión
Por lo tanto, según lo anterior, los objetivos de La Gran Comisión, incluye:

—La salvación de las almas por la predicación y enseñaza

—El bautizo de los creyentes
—La recepción en la membresía de la Iglesia
—La reclutación, capacitación e incorporación de Ministerios a
la Iglesia
—La edificación de la Iglesia, en general

(Para ampliar más el tema, consultar el libro ¡Haz Crecer Tu Iglesia!, de mi autoría).

Lamentable el extravío de iglesias y pastores incluyendo en sus labores prioritarias la política, la labor social, el deporte, la vida social y la cultura. La Iglesia Primitiva ¡nunca extravió su rumbo!

Capítulo 2. Los Dones y el Fruto del Espíritu en el líder

Principio 15. No es el evangélico con todas las competencias quien debe ser líder, sino quien también sea temeroso de Dios y muestre en su vida la dirección y la manifestación del Espíritu Santo.

El Espíritu Santo en el líder

En el liderazgo evangélico deben fluir armónicamente la preparación, y los talentos y habilidades naturales y adquiridas del líder, acompañados por los Dones y el Fruto del Espíritu.

El verdadero y único distintivo de un DE UN BUEN LÍDER CRISTIANO es la manifestación del Fruto del Espíritu acompañando sus labores; si no hay esto, pudiera haber liderazgo o gerencia muy buenos, pero no es cristiano… aunque pretenda serlo…

La manifestación del carácter

En las situaciones normales de la vida todos pueden sacar lo mejor de sí mismos; pero lo peor sólo aflora en los peores momentos y es donde se conoce realmente el verdadero carácter de la persona.

Líderes afables

Toda persona atendiendo personas debe tener un carácter afable. Y por afable, entendemos carácter agradable, apacible y cordial en el trato; buen humorado, prudente, sencillo.

Líderes querellosos y prepotentes no deben estar en el liderazgo de la iglesia; son carnales, hacen mucho daño a la obra.

A veces el pastor, en su desesperación por cubrir alguna vacante en el liderazgo, pone a quien más "pinta" para ese liderazgo, haciendo caso omiso del mal carácter del candidato. O a veces es la iglesia colocando liderazgos por favoritismos, sin fijarse en el mal testimonio y carácter de ellos.

Líderes prepotentes o indiferentes no hacen bien a la obra, espantan a la gente.

Algunos líderes pudieran estar "saboteando" inconscientemente el trabajo del pastor y de la iglesia, con su mal carácter, sus malas conductas y actitudes.

El buen carácter y el buen trato hacia los demás

El buen carácter es una de las evidencias del Fruto del Espíritu en el cristiano. Quien manifiesta en su vida El Fruto del Espíritu siempre tendrá buen carácter y buen trato hacia los demás. Quien carece del Fruto del Espíritu siempre andará a la defensiva, atacando, criticando, difamando y creando conflictos. Quien tiene buen carácter te hace sentir bien aún en el peor momento, y el de mal carácter te hace sentir mal aún en el mejor momento.

Conozco Ministros con mucha preparación académica y gran potencial de liderazgo, pero los pierde su mal carácter explosivo e incontrolable... Nadie está exento de un momento de enojo o de ira; pero una cosa es enojarse, otra airarse y otra lo dicho y hecho en esos momentos...

Qué paradójico resulta cuando quienes presumen de muy espirituales son quienes más pésimo carácter tienen, y son quienes más se enredan en problemas de mentiras, chismes, críticas, soberbia, juicios ligeros, divisiones, y no son tan fieles al Señor. Si realmente fueran espirituales el Espíritu Santo les mostraría sus conductas erradas, y, con su ayuda, las erradicarían.

Cuida de mantener tus buenas relaciones

Rota la vasija, aunque restaurada por el mejor alfarero, ya no será la misma vasija; así pasa con las relaciones humanas: una vez fracturadas nunca serán las mismas.

No traigas al presente errores pasados de nadie

Todos tenemos un historial de pecados, errores y fracasos, donde, si Dios los ha perdonado, ¿por qué traerlos al presente para avergonzar, juzgar y condenar a los demás? Es más provechoso enfocarse en las situaciones presentes de incumbencia a la reunión.

Principio de Prohibido enojarse

Antes de empezar a tratar un asunto polémico, enfatizo con los reunidos nuestra calidad de cristianos y nuestro deber de exaltar hoy el Nombre de Cristo, no enojándonos: "Prohibido enojarse...".

Principio de No groserías

Otro punto enfatizado en reuniones de tiente polémica, es no ser groseros atacando, criticando o faltando al respeto a ningún participante... Si alguien no respeta esto, pediré su retirada de la reunión (si están en mis instalaciones), o me retiraré (si estoy en otro lugar)...

Principio de "Aquí está lo dicho"

En algunas ocasiones grabo el audio de reuniones, cuando considero necesario conservar fielmente la ocasión.

En labores de consejería y desahogo de problemas, es recomendable grabar el audio respectivo para uso personal de análisis.

Antes de empezar, si voy a grabar, anticipo a los participantes la grabación del audio, y les aclaro será para los siguientes propósitos...

—Para protección de cada uno de los participantes

Es fácil mal interpretar algo en alguna reunión con ánimos caldeados, o escuchar algo que no se dijo: "El líder dijo...", "fulanito dijo...". Pero el archivo de audio no mentirá... Esta grabación servirá de protección de cada participante y para futuras aclaraciones, si fuera necesario.

—Para evidencia de nuestra cristiana participación

Aquí quedará registrada la participación cristiana de cada uno y será evidencia de su comportamiento en este asunto. Por lo tanto, les pido calma y respeto hacia los demás participantes. Centrémonos en solucionar de la mejor manera la situación a tratar, en vez de atacar, criticar, difamar y agredir a nadie.

—Para recordar lo hablado

Por otro lado, al saber grabadas sus voces, los reunidos se cuidan más en la forma y contenido de sus participaciones.

No impido si alguien más quiera grabar el audio de la reunión... Pero sí enfatizo grabar el audio nada más, no video, y que cada uno es responsable con quién los comparta.

Evita el síndrome de "jefes de jefes"

Un líder en quien se manifiesta el fruto del Espíritu no es el clásico arrogante y autoritario "jefe de jefes".

Para evitar el síndrome de "jefe de jefes" piensa en tus dependientes como personas superiores a ti. De esta manera tu trato hacia ellos será: "por favor", "gracias", "mande Ud.", "me podrías colaborar...", "te pido...", y palabras amables afines, en vez de las clásicas expresiones de las "órdenes superiores".

Grandioso cuando tus dependientes ven en ti un coigual con el encargo de mantener la Organización funcionando óptimamente, con la participación entusiasta y comprometida de todos dando lo mejor de sí mismos desde sus roles respectivos. Tal fue la recomendación del Apóstol Pablo:

Nada hagáis por contienda o por vanagloria; antes bien con humildad, estimando cada uno a los demás como superiores a él mismo... (Filipenses 2:3).

Procuramos no utilizar el nombre de "Supervisor", "Superintendente" y otros parecidos, por las connotaciones que implican. Preferimos el término: "Pastor", acompañado del área de trabajo asignado: "Pastor de Distrito" o "Pastor Distrital"; "Pastor de Territorio" o "Pastor Territorial", etc.

Principio de reconocer en público y corregir en privado

Principio 16. El líder cristiano felicita y reconoce en público a su gente, pero corrige en privado.

Procuro siempre en las reuniones o en nuestros grupos, felicitar a algún líder por su crecimiento o buen desempeño. También nuestros líderes tienen ciertos beneficios: Agendas, libros, pasajes, y otros pequeños detalles. Todo esto los motiva a seguir creciendo y a desempeñar con gusto su liderazgo.

Por otro lado, las llamadas de atención deben hacerse siempre en privado, para no exhibir al infractor, en un tono de amistad, respeto, consideración, y con espíritu de ayuda y restauración, como lo dijo Pablo:

Hermanos, si alguno fuere sorprendido en alguna falta, vosotros que sois espirituales, restauradle con espíritu de mansedumbre, considerándote a ti mismo, no sea que tú también seas tentado. (Gálatas 6:1).

El liderazgo cristiano otorga ciertos privilegios, reconocimiento y status dentro del pueblo evangélico, pudiendo ser un peligro para quienes no saben manejarlos.

Hay muchos líderes cristianos anónimos realizando un excelente trabajo en la Viña, y no buscan protagonismos, ni sus 5 minutos de gloria. No tienen ni tiempo para colgar en la Red cientos de fotos y videos de "sus hazañas". Prefieren pasar desapercibidos, disfrutando para ellos mismos sus grandes o pequeños logros para el Señor.

Principio de Puerta entreabierta

Principio 17. El líder cristiano jamás cierra las puertas definitivamente a nadie, siempre deja oportunidades de reiniciar una relación.

Nunca termines totalmlénte una relación amistosa o de trabajo con nadie, si depende de ti; no le cierres totalmente la puerta de tu vida a nadie, porque nunca sabes si algún día puedes hacer algo por esa persona, o ella pueda hacer algo por ti... Si algún día vas a necesitarle o necesitarás a alguno de sus contactos... La vida da tantas vueltas...

El liderazgo sin El Fruto del Espíritu

Principio 18. El liderazgo carente del Fruto del Espíritu no es liderazgo cristiano: Es liderazgo humano, carnal, diabólico...Sus armas son: El autoritarismo, la imposición, la intimidación, la manipulación, y la difamación.

Nadie debe sentirse comprometido a seguir este tipo de liderazgo si nada más produce caos, dolor y frustración.

El Fruto del Espíritu le da calidez y humanidad al liderazgo cristiano.

Si el Fruto del Espíritu no está manifestándose en el liderazgo, ¿qué se está manifestando? Las obras de la carne, por supuesto.

Nadie sin el Fruto del Espíritu debe ser posicionado en el liderazgo cristiano, por muchas habilidades de liderato visibles; se le hará mucho daño a muchos Ministros.

Algunos eran buenos Ministros con el Fruto del Espíritu, pero el nombramiento los echó a perder... El cargo se les subió a la cabeza y se les apagó el Fruto del Espíritu y se les desbordó las obras de la carne... Empezaron a ver por ellos mismos y por la Organización y no por los Ministros.

Otros, por su juventud e inmadurez, al ser primerizos en un cargo, obtuvieron la renuncia de muchos antiguos y buenos Ministros.

Hay líderes en el cristianismo que ni el mundo los querría como líderes, pero lamentablemente lograron enquistarse en algunas denominaciones.

No queremos tener en nuestra Organización esas las malas experiencias producidos por malos liderazgos. Por tal motivo, debemos procurar liderazgos espirituales adecuados.

El liderazgo espiritual es ejercido acompañado del Fruto del Espíritu y Dios confirmándolo en el corazón de su Pueblo.

Capítulo 3. El activo más valioso del líder

Principio 19. El activo más valioso que tiene todo líder para administrar y desarrollar son los recursos humanos.

El activo más valioso de un líder

El más valioso activo de un líder son sus colaboradores; por ello deberá poner todo empeño y cuidado en rodearse de los mejores elementos, desarrollarlos y velar por ellos permanentemente y mantenerlos motivados.

Principio de Utilidad inherente

Toda persona es útil en una organización. No todos pueden hacer lo mismo ni con la misma eficiencia, pero es responsabilidad del líder encontrarles un lugar de servicio donde puedan sentirse útiles y productivos para el Señor.

Toda persona es útil para algo. Lo que cada persona hace, para ella es muy importante, nadie tiene el derecho de menospreciar, menoscabar o denigrar la ocupación de nadie.

El líder debe tener la habilidad para encontrar en qué labores su gente puede ser más efectiva y encaminarla hacia ahí; todos somos útiles en alguna parte del Cuerpo, como enseñó Pablo:

Porque si todos fueran un solo miembro, ¿dónde estaría el cuerpo? Pero ahora son muchos los miembros, pero el cuerpo es uno solo. Ni el ojo puede decir a la mano: No te necesito, ni tampoco la cabeza a los pies: No tengo necesidad de vosotros.

(1ª. Corintios 12:19-21).

Rodéate del mejor recurso humano

Principio 20. Un líder sin gente idónea ayudándole, no llegará a ninguna parte.

Rodéate de gente adecuada y multiplicarás tu potencial.

En el pastorado siempre procuré rodearme de líderes y colaboradores pensantes, optimistas, visionarias, francas, fieles, espirituales y comprometidas; no marionetas mudas y manejables a tu antojo. Gente apta para señalarme también mis fallas y errores para yo mejorarme; pero ayudándome a ser más efectivo con la suma de sus talentos y capacidades colaborando conmigo.

Pero hay pastores y líderes y gente en general, temerosas de rodearse con gente mejores que ellos, por temor a ser desplazados... nunca fue mi caso. Mis logros en el Ministerio se debieron a la ayuda de Dios a través de gente adecuada colaborando en mi Ministerio.

Los amigos y la gente de quienes te rodees contribuyen a tu éxito o fracaso. Rodéate de gente problemática y te pasarás la vida enredado en sus problemas...

Aleja de ti a los mata sueños, gente abortando sus propios sueños, incapaces de luchar en alcanzarlos. Esa gente va a tratar de desanimarte en todos tus emprendimientos porque ellos no pueden triunfar; te dirán: ¡es imposible!...

Maximiza tus resultados

Siempre habrá personas superándote en conocimientos y habilidades; si reúnen los requisitos, inclúyelos en posiciones claves para maximizar tus resultados.

Elabora los manuales operativos

En toda organización hay normas y procedimientos. Deben revisarse eventualmente y vigilar su buen cumplimiento en pro del bienestar y productividad del equipo. De esta manera se evitan las dudas en la realización de las asignaciones y se evitan duplicidades de funciones.

Capacita permanentemente

Capacita a quienes tenga el potencial para nuevas y mayores encomiendas. Siempre hay algo nuevo qué aprender, o alguna estrategia o procedimiento por mejorar, o alguna nueva función por desempeñar según va creciendo la Organización. Anticípate, prepara a tu gente para tales encomiendas.

Organiza según capacidades y gustos

Organiza de acuerdo a las capacidades de tu gente: cada uno en el trabajo donde sea apto y quiera realizar. No hacerlo así es desperdiciar capacidades y restarle competitividad a la Organización.

A la gente no apta para trabajar en equipo, por ser problemática, no la incluyas en ninguno... te causará muchos dolores de cabeza...

Muchas organizaciones cristianas no están desarrollando su máxima capacidad, porque sus estructuras descansan en la familia y amigos, y no en la competencia de los individuos; ninguna organización va a crecer por sí misma ni va a ir más allá de donde la lleven sus líderes y funcionarios.

Evalúa periódicamente

Evaluar periódicamente el desempeño de tus colaboradores te ayudará a capacitar, delegar y apoyar adecuadamente.

Confío en la capacidad y compromiso de mi gente en sus asignaciones, y cuando algo no pudieron realizar, siempre tendrán una buena razón. Muchas cosas son necesarias, pero no todas son urgentes... Las cosas urgentes e importantes para la organización son mi responsabilidad y debo saber cuáles son o no delegables.

Promueve a los eficientes

A la gente eficiente y comprometida le agrada mucho ser reconocida, pero también sentir que va ascendiendo.

Establecer nuevos puestos de liderazgo y responsabilidades no solamente te hará más efectivo como líder, sino proveerá a tu gente el placer de ir ascendiendo en la organización.

Quien cumple siempre
en tiempo y forma
con sus pequeñas
asignaciones,

y sus deberes,
está mostrando
fidelidad y
capacidad...
y potencial
de liderazgo.

Principio de Desarrollo del máximo potencial

Toda persona tiene potencial para desenvolverse en distintas áreas, si se le capacita adecuadamente para pulir y ampliar sus conocimientos, habilidades, dones y talentos. Por lo tanto, el líder siempre debe estar edificando en la vida de quienes lidera, para desarrollarles continuamente.

Así como toda persona en su estado presente puede ser útil dentro de un grupo, también tiene un potencial a veces desconocido, pudiendo ser desarrollado plenamente en las condiciones adecuadas.

Haz respetar lo ya establecido y acordado

Ninguna organización es perfecta ni nunca encontraremos una a nuestra medida en un 100%. Pero si queremos colaborar con una organización voluntariamente, lo mejor es adaptarnos a ella lo más pronto o nos complicaremos la vida nosotros mismos.

Quienes trabajan en solitario es porque siempre quieren hacer las cosas como quieren y no están dispuestos a adaptarse a nada ni a nadie. Y si entran a una organización, ya pronto quieren hacer cambios en ella... Quien siempre quiere hacer las cosas a su manera no es apta para trabajar en equipo ni en una organización.

Felicita oportunamente

Felicita personal y públicamente a tu gente en evidente crecimiento y logrando sus metas. Tengo también la costumbre de felicitar en boletín mensual a nuestros Ministros en sus cumpleaños.

Conoce a la gente

"...por sus frutos los conoceréis". (Mateo 7:20).

Vale oro conocer a la gente con quien te relacionas; y aunque esto es un largo proceso, irla conociendo te mantendrá prevenido... por ejemplo, si alguien te mintió, te mentirá otra vez; si alguien te defraudó, te defraudará de nuevo, si alguien te divulga todo, ya sabes dónde publicar... Extremista si tú quieres, pero real.

Toda persona merece nuestro respeto como es, pero el conocerla te ayudará a tratarla adecuadamente para no emproblemarte con ella: para no poner falsas expectativas en nadie, en qué tanto confiarle, qué esperar de ella, cómo tratarla y qué tan lejos o tan cerca tenerle...

Quien trabaja con la gente debe aprender a conocerla; conocer a las personas te librará de frustraciones.

Una de las ramas de la psicología más famosas es la Psicología de las diferencias individuales, también conocida como Psicología Diferencial.

Esta se encarga de investigar acerca de las diferencias psicológicas que existen entre los individuos y, en ocasiones, acerca del modo en el que estas se relacionan con otras características individuales de tipo no psicológico. Dicho de otro modo, nos permite distinguir entre tipos de personas atendiendo a diferentes características de su cuerpo o de su comportamiento.

...a lo largo de la historia de este ámbito psicológico se han creado diferentes criterios con los que clasificar los diferentes tipos de personas. De hecho, no existe un solo modelo o test de personalidad, sino varios, que se utilizan dependiendo de cuál sea el objetivo buscado. Por ejemplo, está el 16 PF, el modelo de los 5 grandes rasgos de personalidad, etc. (https://psicologiaymente.com/personalidad/tipos-personas).

Listo aquí algunos tipos de personalidades muy comunes...

Algunos tipos de personas

a) Los interesados

Esta gente estará contigo mientras puedan obtener de ti algún beneficio material; no se preocupan de aportar nada a la Organización, sino solamente están interesados en todo lo obtenible de ella o de ti. Apenas detectan ausencia de beneficios materiales, si nada pueden recibir, se alejarán. No son aptos para el liderazgo.

b) Los increíbles

Quienes ya no se les cree nada. Tantos incumplimientos y promesas rotas; tantos pretextos y justificantes a sus incumplimientos... ya no vale la pena confiarles nada. No califican para ningún liderazgo. Te dicen "sí" y cuando, pero no cumplen. Son mentirosos eternos y, lo peor... lo ven como algo normal.

Los paulatinos incumplimientos y errores erosionan la credibilidad y convierten en "el hombre increíble": Ya nadie le cree nada. Tanta agenda incumplida o postergada, dan evidencia de una vida sin compromiso, indisciplinada y desorganizada; no delegues mucho en una persona así...

c) Los "llamarada de petate"

Quienes en un instante "se prenden" y se adhieren a una propuesta, proyecto o trabajo, pero al poco rato, pasado el entusiasmo, lo abandonan... Sabes que no contarás realmente con ellos cuando te digan "sí". Abrazan de inmediato y con gozo una idea y se comprometen, pero pasada la emoción no tienen la motivación para cumplir sus promesas... se enfriaron. No tomes muy en serio los compromisos que hagan, no los cumplirán. Escúchalos, acepta sus compromisos, pero no pongas demasiadas expectativas en su cumplir.

d) Los incumplidos

Quienes nunca dicen no, pero no cumplen; te dicen sí para hacerte sentir bien y quedar bien ellos ante ti y ante el grupo, pero no cumplen. No le asignes responsabilidades, ni creas mucho sus compromisos, ni esperes demasiado de ellos.

e) Los correcaminos

Quienes siempre andan corriendo y llegando tarde; siempre están al pendiente de la hora, como si tuvieran muchos compromisos y urgencias inaplazables para atender. No le confíes iniciar o encargarse de un programa... seguro llegará tarde, y si llega, querrá terminar lo más pronto...

Aunque quieran involucrarse en liderazgos y responsabilidades dentro de la organización, no sean incluidos porque no tendrán el tiempo para desempeñarlo.

f) Los de doble ánimo

Quienes te dicen y demuestran estar contigo, pero a tus espaldas están contra ti. No le confíes mucho, en cualquier momento serán tu Judas. No son candidatos al liderazgo ni a ningún nombramiento.

Si se involucran en algún proyecto, no están convencidos del todo; a ratos les gusta... a ratos no les gusta.

g) El timorato

Quien se aprovecha material o económicamente de otros. Son estafadores natos pidiendo anticipos, préstamos o fiadores, pero no cumplen.

Dios quiere bendecir a los suyos, pero al creyente timorato y desleal no le duran esas bendiciones: siempre anda endeudado y emproblemado. No le fíes mucho porque terminarás defraudado...

h) Los inconfiables

A estas personas no se les puede confiar un secreto ni nada. No tienen el sentido de fidelidad, cumplimiento ni honradez. Perdida la confianza es muy difícil recuperarla y esto es un lastre para el liderazgo.

i) Los conformistas

Este tipo de persona no tiene ningún interés en aprender o tener algo más. Consideran su conocimiento de la vida o lo que ya tienen, como suficiente y no se interesan en aprender o tener algo más... Si le confías un liderazgo de algo estancado, así lo mantendrá o peor...

j) Los mesiánicos

Quienes creen es su deber o responsabilidad ayudar o solucionar los problemas ajenos, y se preocupan y ocupan irrumpiendo en la vida de otros con consejos, tiempo y recursos para ayudar... Se apropian de problemas y cargas que no son suyos. Si los usas en el liderazgo, delimita muy bien su área de responsabilidades y supervísalos de cerca.

k) Los empáticos

Quienes son capaces de ponerse fácilmente en los zapatos de otros, en vez de juzgar y condenar desde los suyos. Esta es una característica muy deseada en el liderazgo.

l) Los perfeccionistas

Quienes se exigen mucho a sí mismos; suelen hacer su trabajo a conciencia y a tiempo; procuran ser eficientes, pulcras, confiables, trabajadoras y perseverantes en todo. Pueden ayudar mucho en el liderazgo.

m) Los conservadores

A la personalidad conservadora no le gusta el cambio. Conoce el mundo de una manera y prefiere se quede así. No concibe la razón de modificar las cosas y son muy arraigados a las tradiciones, costumbres y a la historia. Serían útiles en el liderazgo solamente si van ampliando su visión y concepción de las nuevas necesidades y la utilidad de hacer las cosas de otras maneras.

n) Los sedentarios

Aman más el ahorro de energía física y el querer evitar la fatiga. Son mas aptos para los trabajos de oficina o que no implique mucho traslado.

o) Los dinámicos

Estas personas son una "chispa", son notables por su energía y actividad. Normalmente aman los trabajos fuera de oficina.

(Consulta: https://estilonext.com/psicologia/tipos-de-personas).

p) Los mentirosos

Mienten con todos sus dientes mientras respiran. Ven la mentira como algo natural. Están habituados a ella y es su mejor arma de defensa y ataque.

Cuando descubres una mentira de una persona, sabes que ya antes te ha dicho varias, y aún te dirá muchas otras...

No son aptos para ninguna asignación.

q) Los chismosos

Quienes no pueden guardar nada, apenas escuchan algo van a contarlo a los cuatro vientos.

La diferencia ente un mentiroso y un chismoso, es que el primero habla lo no cierto, y el otro habla verdades o mentiras, pero a quienes no debe ni tiene por qué decirles. Estas personas no son buenas confidentes. Tampoco son aptas para ninguna asignación.

r) Los mitoteros

Te inventan situaciones, te distorsionan los hechos con sus "creativas" ideas o distorsionadas percepciones de los hechos.

No le des asignaciones a este tipo de personas.

s) Los parlanchines

Hablan "hasta por los codos", sin parar. Si no sabes interrumpirlos adecuada y oportunamente, te amanecerá escuchándolos.

Estas personas son útiles cuando están capacitadas y tienen vocación de maestros. De lo contrario...

La lista anterior no es definitiva, pero me sirve como referencia.

Mantén una buena comunicación

Comunicación directa,
adecuada y oportuna
con la persona correcta,
al líder vale fortuna.

La comunicación deficiente en una organización ocasiona problemas, errores y pérdidas de tiempo y dinero. Por tal motivo, el líder debe comunicarse de manera...

—Directa

La comunicación directa se da con las personas interesadas, sin ningún intermediario. "Te mandé a decir" no es comunicación directa. Los "Debiste suponerlo" no tienen lugar en la comunicación directa.

—Oportuna y adecuada

Todos los problemas de la vida se dan cuando uno no sabe entender el tiempo de algo y cómo hacerlo. Es bueno decir las cosas tal como son; pero también es útil saber **cuándo**, **cómo** y **ante quienes** decirlas... De lo contrario, nuestra sinceridad nos meterá siempre en problemas... Ser sincero es bueno, **ser oportuno** es excelente, tener el tacto es fantástico, y ser discreto es perfecto.

Aunque tengas la verdad y la razón en algo, recuerda siempre el consejo del Rey Salomón: hay "tiempo de callar. y tiempo de hablar..." (Eclesiastés 3:7).

La sinceridad, cuando es oportuna, correcta y discreta, vale oro; de otra forma será dolor de cabeza...

Saber hablar a tiempo y adecuadamente vale oro; pero también vale oro saber callar a tiempo...

El accionar oportuna y adecuadamente es la clave de una vida libre de problemas y sobresaltos.

La consciencia de tiempo y modo para accionar adecuadamente no viene de la noche a la mañana. En áreas donde no se tiene la formación, el conocimiento, la experiencia ni la guianza divina, uno no puede accionar oportuna y adecuadamente.

El instinto o "las corazonadas" con que a veces nos conducimos, están influenciadas también por la acumulación de todo lo anterior. Por ejemplo, un policía desarrolla un "instinto" para detectar posibles delincuentes; instinto no desarrollado por todos. Y en todas las áreas de la actividad humana se adquieren instintos o "corazonadas".

Las experiencias de la vida en distintas áreas deben ser bagaje de sabiduría afinando el instinto.

No vayas atropellando a la gente

No te pases la vida pidiendo perdón por tus golpes; mejor trate de no golpear a la gente...

Persuade y motiva, no impongas

El líder evangélico no se impone, persuade y motiva a sus liderados; quien impone no es líder, es dictador.

No mates los sueños de nadie

No mates las ilusiones ni sueños a nadie; puede ser el único hilo sosteniendo su vida...

Una gran labor del líder evangélico es motivar y ayudar a su gente a encauzar y alcanzar sus sueños o anhelos de ser más útil en la Viña del Señor.

Ayuda a sanar posibles heridas

Si como líder sabes que tu accionar pudo ofender o lastimar a otro, en lo posible y necesario, discúlpate.

Ya lo dijo el Señor:

Por tanto, si traes tu ofrenda al altar, y allí te acuerdas de que tu hermano tiene algo contra ti, deja allí tu ofrenda delante del altar, y anda, reconcíliate primero con tu hermano, y entonces ven y presenta tu ofrenda. (Mateo 5:23-24).

¿Qué tanta gloria puede haber en ejercitar un buen liderazgo, pero dañando a tantas ovejas o Ministros?

Ayuda también a tu gente a sanar las heridas traídas por las malas experiencias con líderes y organizaciones donde han colaborado.

El respeto al liderazgo

Los líderes ni lo saben todo, ni son infalibles ni siempre tienen toda la razón... Hay libertad de disentir con ellos y de hablarles, pero con respeto y consideración a su liderazgo, y autoridad espiritual recibida de Dios. Así lo mostró Pablo, cuando sin saberlo injurió al Sumo Sacerdote:

*No sabía, hermanos, que era el sumo sacerdote; pues escrito está:
No maldecirás a un príncipe de tu pueblo. (Hechos 23:5).*

Los anárquicos viven sin ley ni autoridad y no entenderán lo expresado aquí, pero los guiados por el Espíritu sí lo entienden.

Al líder cristiano no se le debe una obediencia ciega, incuestionable; debe haber cuestionamientos, diálogos y acuerdos en lo posible, pero sin perder de vista lo que él representa en Cristo Jesús. Cuando alguien traspasa las líneas de respeto y consideración al líder, ya Cristo no está con él ni está glorificando a Dios con su vida.

Capítulo 4. Construyendo tu futuro liderazgo

Leer todo un libro sobre si el líder nace o se hace es malgastar la vida en algo tan sencillo: La expresión de toda personalidad en las distintas áreas del quehacer humano siempre incluye rasgos genéticos y rasgos aprendidos; así también el liderazgo.

No debe haber líder al vapor

Un líder no es ningún improvisado saliendo de la noche a la mañana a liderar. Únicamente los vende humo en la Internet te sacan un buen dinero, te dan 100 frases bonitas de liderazgo, te motivan y te firman un papelito para ya liderar... En la vida real no es así de fácil.

Un líder evangélico no se forma de la noche a la mañana con diez lecciones intensivas en la mejor escuela de liderazgo; el liderazgo es algo inherente en algunas personas, pero se va perfeccionando con la preparación, la experiencia, su fidelidad en su Organización y su caminar con Dios, hasta que Dios lo llama para ejercerlo.

Líder impuesto

Una cosa es imponer un líder y otra, que lo acepten y lo sigan. Por naturaleza, por intuición, las personas seguirán a un líder y a un mentor con mayor experiencia, capacidad y conocimientos que ellas, pues solamente así seguirán creciendo; de lo contrario quedarán estancadas...

Muchos cristianos maduros tenemos la libertad, la madurez y el criterio suficiente para elegir a quien seguir. Y obvio, elegimos seguir a quien detectamos puede aportar a nuestro desarrollo.

Líder teórico

Hay "líderes" y personajes hechos nada más de frases ingeniosas, pero hay hombres ingeniosos formados en los fragores de la experiencia del liderazgo; éstos no escriben frases bonitas ni andan ofreciendo cursos para hacer líder a medio mundo.

Hay muchas frases de liderazgo muy ingeniosas y bonitas, pero solamente son eso: frases. En la acción, en la praxis, en la realidad es otro cantar.

Escalera al liderazgo

Principio 21. Quien tiene potencial de liderazgo, todo lo que haga o deje de hacer en su vida personal y dentro de su Organización, le serán escaños para su ascenso, o socavones para su descenso.

Todo líder evangélico, antes de serlo, debió haber pasado consciente o inconscientemente por un largo y difícil proceso de formación, el cual todavía no termina.

Nadie se posiciona como líder en una iglesia u organización evangélica, de la noche a la mañana. El privilegio de ser líder evangélico debe ser acorde a las competencias, a una buena trayectoria de servicio y vida cristiana en la iglesia y organización, pero también al llamamiento de Dios.

El joven cristiano o ministro anhelando servir en alguna posición de liderazgo cristiano dentro de su iglesia o dentro de su organización, debe empezar por construir una buena trayectoria de servicio fiel, obediencia, respeto, y vida cristiana, familiar y ministerial ejemplar.

Descalificados para liderazgo

El pastor incumplidor de sus compromisos con su organización, llegando siempre tarde, no entregando sus reportes o entregándolos tarde; no asistiendo a las actividades, no cumpliendo con sus asignaciones, no respetando a sus líderes ni sujetándose a las políticas y disposiciones corporativas; siendo infiel al Señor en sus diezmos y ofrendas, y siendo un pastor de mal carácter, truhán o bribón ¿deberá ser un día ocupado en el liderazgo? ¡Dios nos libre...!

Tal vez en su juventud, ningún Ministro pensó llegar a ser líder de nada; únicamente prevalecía su entusiasmo de servir al Señor en lo posible, como fue mi caso.

Y como muchas veces uno no imagina hasta dónde quiere llevarle el Señor, conscientemente no se hacen las previsiones ni provisiones adecuadas para ser ubicados en su momento por Dios en el liderazgo.

Trabaja y perfecciónate hoy para tu liderazgo de mañana

Yo únicamente quiero recomendarte, si en verdad quieres servir bien al Señor toda tu vida: Trabaja cada día inteligente y honestamente tu Ministerio o tu nombramiento, sea cual fuere hoy y en el lugar que sea, dejando una buena imagen de ti. Los malos "líderes y ministros" se descalifican cada día ellos mismos yendo torpemente tras ganancias, placeres y privilegios inmediatos, dejando tras ellos una estela de mala fama descalificadora para el liderazgo y el ministerio. Apártate de los tales.

Además, perfecciónate siempre, es decir, adquiere más conocimientos, pule tus habilidades y adquiere otras mediante la lectura y capacitación; el genuino líder siempre está perfeccionándose...

Capítulo 5. Las ocupaciones del líder

Principio 22. El líder es proactivo, productivo y creativo; ama estar creciendo y estar ocupado productivamente.

Las ocupaciones del líder

a) Está Creciendo

El crecer integralmente cada día está en la naturaleza del líder: Lee, estudia, investiga, experimenta; el conocimiento y la experiencia, para el líder valen oro. Mientras algunos duermen o descansan, o se afanan en actividades infructuosas el líder está trabajando en su crecimiento.

b) Está actualizándose

Para conservar y progresar el liderazgo, hay que mantenerse actualizado en todo lo concerniente a la Organización y al liderazgo.

Tecnología e innovación

En un mundo tan lleno de incertidumbres y cambios constantes: sociales, económicos, culturales, políticos y tecnológicos repercutiendo en toda organización o grupo, se requieren liderazgo y gerencia conscientes de esto; deben estar alerta e informados para mantener su eficacia y su eficiencia. La forma de gestión y de liderazgo debe ser constantemente analizada a la luz de estos cambios, para adaptarlas y enfocarlas a los nuevos y a veces complejos requerimientos.

Ante los incesantes cambios, se requieren líderes desarrollando y perfeccionando sus competencias y habilidades para liderar eficientemente a sus organizaciones.

c) Está Trabajando en sus proyectos

Quien tiene el potencial de liderazgo es proactivo; no he conocido un buen líder con historial de pereza ni alergia al trabajo.

Se le puede llamar adicción o amor al trabajo, pero aunque la Organización tenga un horario, el líder no lo tiene. Cuando todos han cumplido con su jornada, el líder sigue trabajando; siempre hay algo por hacer, siempre hay algo por iniciar...

El líder disfruta su trabajo

¿Eres feliz en tu trabajo, disfrutas mucho tu labor?

Elige un trabajo que te guste y no tendrás que trabajar ni un día de tu vida. (Confucio).

La ocupación exitosa no es donde ganas mayor dinero ni mayores logros o reconocimientos; es donde ganas mayores satisfacciones.

El trabajo es lucro y placer,
cuando es lo que te gusta hacer.

Nunca tu trabajo sea tu mayor tormento, ni tu centro laboral tu sepulcro.

Puedes sentirte exitoso cuando estás ocupado en lo que te gusta; el trabajo de tu agrado no es trabajo, es placer.

Gracias a Dios porque estoy en aprendizaje permanente y soy multitareas: aparte de mi profesión y del Ministerio aprendí muchos otros oficios y ocupaciones; pero trabajo solamente en lo que me gusta, no por dinero, sino por placer; eso es un gran privilegio. El Ministerio es mi principal labor; pero siempre lo he alternado con otras actividades productivas y satisfactorias.

El problema no es falta de ideas creativas; el problema es falta de tiempo para realizarlas. El "procesador" de algunos está súper revolucionado, superando su capacidad de respuesta manual.

El líder no duerme mucho

El necio cruza sus manos y come su misma carne. (Eclesiastés 4:5),

Por la pereza se cae la techumbre, y por la flojedad de las manos se llueve la casa. (Eclesiastés 10:18).

El líder visiona y acciona, a diferencia del soñador quien únicamente sueña dormido o despierto, pero no accionar es su constante.

Una visión, sin un plan,
sin recursos, sin acción
será sólo una ilusión.

d) Está trabajando en su persona

Aumentar las capacidades es una constante de liderazgo; el líder lee, estudia, investiga, trata de estar actualizado, pule sus habilidades y se apropia de otras.

e) Está creciendo intelectualmente

El líder si no lee ni estudia, no logra mayor alcance en su liderazgo. Un limitador para muchos líderes es su desgano en leer y estudiar; muchas veces leen solamente la Biblia, eso es bueno y siempre hay que hacerlo. Pero tenerle aversión a otros libros es no cultivar la mente.

¿Qué tanto puede crecer intelectualmente quien no guste de la lectura ni el estudio?

A quien le dé pereza abrir un libro, no le recomiendo sea líder. Dedíquese mejor a otra cosa donde no se requiera forzar mucho la mente en la lectura, estudio, análisis y reflexión; se sentirá mucho más a gusto y más efectivo ahí...

f) Está creando o innovando

El líder intuye que no todo está dicho, escrito, inventado o hecho... siempre hay cosas por descubrir e innovar para el bienestar de la Organización.

g) Está dando frutos

El líder no se pasa la vida dando pretextos, sino resultados.

Si no hay productividad como resultado de las labores, ¿para qué laborar? Después del trabajo, después de la actividad, ¿qué te quedó?, ¿qué de nuevo tienes? ¿Sólo agotamiento y deudas...?

Mucha gente hay metida en eterno activismo desgastarte, pero sin frutos.

La medida de efectividad del líder

¿Cómo saber si un líder está desempeñando un buen liderazgo?

Elementos mostrando la efectividad de un líder:

a) La superación de su gente

Cuando su gente se supera y logra los objetivos corporativos.

Un líder es efectivo cuando realmente está ayudando a su gente a superarse, a hacer mejor su trabajo y a lograr los objetivos establecidos, personales y corporativos.

El líder cristiano no solamente se preocupa y ocupa en alcanzar sus objetivos personales y corporativos. Si se quedara ahí, será solamente un líder secular. Un gran distintivo del liderazgo cristiano es lograr que los liderados alcancen sus objetivos personales.

b) Ser aceptado y respetado

No hay liderazgo perfecto, todo liderazgo es perfectible. Y el éxito de un líder cristiano no solamente se mide por sus logros, sino por la amistad y aceptación favorable y espontánea de quienes lidera.

c) Provoca que suceda

Un líder provoca reacciones y acciones favorables en las personas, es decir, provoca cambios y acciones para beneficio de las personas y de la organización; si no logra esto, no es líder.

Para ser productivo se requiere

a) Metas claras, definidas y cuantificables

Tener metas claras es saber desde el principio lo que exactamente quieres y debes lograr; sin metas no se tiene destino... es andar sin saber a dónde llegar...

Lo cuantificable después de todas tus labores, eso es tu productividad. Si te quedó nada más la satisfacción de haber hecho la actividad, de haber reunido a la gente, de "haber cumplido"... eso no es productividad.

Pregunta a un líder cuáles son sus metas para los próximos 6 meses, y cuáles sus logros en el último semestre en lo respectivo a su organización; si no menciona nada, no es líder.

b) Evaluación periódica de tu liderazgo

Evaluar periódicamente si estás logrando tus objetivos inmediatos te ayuda a reenfocarte y a tomar decisiones en pro de tu eficiencia.

c) Ser selectivo en lo que haces

Principio 23. El líder desarrolla su vida en base a sus prioridades y a las de su Organización; no en las prioridades de otros.

El líder productivo solamente organiza, promueve y realiza actividades para obtener resultados medibles para él y para su Organización. No trabaja por imitación ni por agendas de otros; tiene su propia agenda y se apega prioritariamente a ella.

Lo productivo debe seguirse haciendo, lo que no, deséchalo y sustitúyelo con algo mejor.

El líder productivo no se involucra en actividades que no le reditúan nada en su perfeccionamiento ni en sus resultados.

Mucha gente se embarca en una y mil actividades por el simple hecho de ser invitadas, pero sólo gastan dinero, tiempo y esfuerzo porque no tienen fruto alguno.

d) Establecer bien tus prioridades

Para poder establecer adecuadamente tus prioridades, necesitas...

—Enfoca bien tu vida

Si has aceptado ejercer el liderazgo cristiano, es necesario te enfoques y hagas de él tu principal labor y tu principal compromiso ante Dios. Es un gran privilegio y responsabilidad que te demandará la mayor parte de tu tiempo, de tu vida, de tus capacidades, de tus recursos y ciertos sacrificios.

De tantas actividades y compromisos habidas y por haber en tu vida, debes aprender a enfocarte en las que ahora te son necesarias para cumplir tu encomienda. Una vida bien enfocada establece correctamente sus prioridades y no se pierde en multitud de tareas y compromisos.

—Primero lo primero

En lo urgente debes ocuparte, todo lo demás puede esperar. Por las múltiples tareas y circunstancias en la vida, es fácil desenfocarnos. Por ejemplo: vas de salida para llegar a tiempo al hospital a ver a tu madre recién operada y tus mejores amigos llegan en ese momento. ¿Qué es lo urgente? ¿Qué debe atenderse primero?

—Lo urgente no espera

Estableciendo bien tus prioridades

Para establecer bien tus prioridades, toma en cuenta lo siguiente:

¿Qué es lo necesario, qué lo importante, y qué lo urgente?

No todo en tu vida es necesario, no todo importante, y no todo es urgente.

Por ejemplo: Un Testigo de Jehová está llamando a tu puerta, tu sopa está quemándose en la estufa, y tu bebé en la cuna empezó a llorar de hambre. ¿En qué orden atenderás todo esto? (Testigo, sopa, bebé).

Yo establezco mis prioridades, en base a las siguientes preguntas.

¿Qué traerá más graves consecuencias de no atenderse primero? ¿Qué no debe esperar? Eso es lo urgente.

¿Qué no traerá ninguna consecuencia de no atenderse? ¿Ni me beneficia ni me perjudica de inmediato, pero hay que atender? Eso es lo no necesario.

¿Qué debes atender después de lo urgente? ¿Qué debo hacer, que me interesa y me conviene hacer? Eso es lo importante.

Lo importante puede esperar, lo urgente... es urgente... ¡hazlo ya!

e) Ser puntual y comprometido con la agenda

Iniciar y terminar las reuniones y programas a tiempo habla bien del líder. La imagen del líder llegando tarde, presuroso y atareado no es la mejor imagen: indica mala administración de su tiempo y falta de respeto hacia el tiempo de los demás.

Respetar las fechas programadas y no hacer tantos cambios en la agenda da credibilidad al líder; lo contrario crea incertidumbre.

f) Desechar los distractores

Mientras más despejado tengas tu camino, más rápido y seguro tu andar.

Un líder que siempre se embarca en cualquier asunto o va de problema en problema, ni puede ser saludable ni puede ser efectivo.

g) Mantener una vida espiritual adecuada

Por la naturaleza del trabajo, el líder requiere una buena dosis de espiritualidad, obtenible solamente con sus devociones personales: oración, ayuno, lectura de la Biblia. Sin todo lo mencionado no puede haber vida espiritual, y el líder evangélico no podrá alcanzar sus objetivos espirituales.

¿Cómo podrá un perezoso espiritual apoderarse de toda la fuerza espiritual que el liderazgo cristiano requiere? Sin una vida espiritual adecuada no hay unción ni sabiduría ni dirección ni fortaleza ni visión divina; no habrá nada de Dios en un líder así.

El bienestar del líder

Quienes son como el correcaminos, viviendo la vida a toda velocidad, no disfrutan ni la belleza ni la sinfonía de la vida.

Hay quienes literalmente se matan trabajando y sacrifican los goces de las relaciones humanas y los pequeños detalles de la vida. Combina sabiamente trabajo, familia, y descanso.

Capítulo 6. El ambiente de trabajo

Principio 24. El líder evangélico puede mantener un ambiente de trabajo lleno de paz, diálogo respetuoso y acuerdos que se respeten.

El origen del caos en una organización

Muchas Asociaciones Religiosas no han logrado desarrollarse y se han dividido porque...

- No hay ni voz ni voto; todo el poder de decisión recae en una persona o en un pequeño grupo
- No hay certidumbre ni transparencia en los nombramientos y liderazgos
- No hay respeto hacia el Cuerpo Ministerial
- No hay unidad entre el Cuerpo Ministerial

La tónica del trabajo

a) Empezar recordando lo que somos y tenemos

Se recomienda a los líderes, al presidir las reuniones, enfatizar nuestra posición de hijos de Dios, Ministros por su llamado, y tenemos una salvación tan grande que debemos cuidar siempre. Estamos reunidos primeramente para darle honra y gloria a nuestro Dios y mostrar nuestro amor, consideración y respeto a nuestros Consiervos (y hermanos si se encontrara reunida la iglesia).

b) Hacer la oración inicial

Acto seguido hacer la oración de inicio. La oración inicial debe ser de acuerdo al propósito de la reunión, pero debe incluir al final algo parecido a lo siguiente:

"Y te pedimos, Señor, dirige esta reunión, y manifiesta el Fruto del Espíritu en nosotros, controlando nuestro carácter, nuestras palabras, reacciones y conductas; ayúdanos a mostrar tu presencia en nosotros y agrádate de nuestra participación en esta reunión...".

En las sesiones de negocios, en las juntas pastorales, en reuniones de líderes, y en toda reunión para atender los negocios de nuestro Padre, sea evidente un ambiente espiritual, de paz, cordialidad y respeto.

He conocido pastores que se enfermaron de diabetes y de otras enfermedades por alterarse y ser afectados en alguna reunión o decisión de su Organización: no queremos eso. Todos tienen derecho a mantener la paz, el bienestar y la salud encontrados en Cristo.

Muchas juntas ministeriales realizadas por distintas denominaciones se tornan impías y terminan frustrando y enfermando a los Ministros. Muchos "líderes" han de dar cuenta a Dios por eso.

Continuamente, mientras compartimos los alimentos, expreso ante mis Consiervos, mi gratitud a Dios por ayudarnos a mantener un ambiente de amistad, compañerismo y respeto entre nosotros.

El líder es responsable de mantener el buen ambiente en las reuniones, así como el pastor es responsable de mantener este ambiente en su congregación, en las sesiones de negocios o reuniones con el liderazgo de la Organización.

Cuando el pastor tiene mala actitud y se torna ofensivo en las sesiones de negocios o en cualquier otra reunión, su iglesia va a imitarlo y se volverá todo un caos. En ocasiones he enfatizado: "Si no nos tranquilizamos y respetamos, me retiraré de esta reunión...". Sé que todos quisieran llevar a buen término la reunión y tomamos un momento para calmarnos y continuar...

c) Respeta los horarios establecidos

Tus reuniones empiecen y terminen de acuerdo a los horarios establecidos; esto demuestra respeto al tiempo de los demás.

He visto líderes llegando siempre tarde a sus reuniones, quizá para dar la impresión de andar muy ocupados: Todos tenemos ocupaciones y qué hacer; la diferencia es cómo te organizas y cómo respetas el tiempo de los demás.

Le pido enfáticamente a nuestros líderes: Muestren respeto al tiempo de los demás, empezando y terminando a tiempo las reuniones programadas.

d) Evitar el excesivo activismo lucrativo

Al revisar las actividades de una organización cristiana, puedo distinguir de inmediato su giro principal:

- **Venta de entretenimiento: Son quienes promueven conciertos musicales, obras** teatrales, shows de payasos "cristianos", show de danzarinas, proyección de películas, etc.
- **Venta de capacitación**: Son quienes andan organizando conferencias para distintos nichos, diplomados, capacitaciones y cursos...
- **Venta de literatura**: Son quienes siempre andan procurando que su gente tenga un libro, un boletín o una revista, o folletos en sus manos.

Y no es del todo malo lo anterior. Se vuelve malo cuando el único afán dc todo eso es la captación de finanzas para la Organización y se hace obligatorio el que todos: pastores y congregaciones asistan, paguen y compren todo lo ahí presentado.

La labor permanente de todo líder es edificar y capacitar a su gente, es cierto (Efesios 4:11), pero esto no tiene por qué convertirse en lucro.

La labor de edificar a los santos y prepararlos para el Ministerio es labor de nuestra Organización, pero no debe implicar excesivos gastos para nuestra gente.

e) No involucrarse en préstamos personales

Como líderes, no debemos involucrarnos en préstamos personales con nuestra gente; ni pedirles ni darles préstamos. No debe ser nuestra función los préstamos personales, pues pueden crear serios conflictos.

f) No imponer eterna carga financiera

Cada nuevo cargo o liderazgo establecido en la Organización, debe ser auto sustentable a corto plazo, o se caerá en riesgo de crear un aparato burocrático cuyo mantenimiento sería una eterna carga financiera para nuestra gente.

En toda visión o proyecto del líder para la organización, que requiera finanzas, debe tomarse en cuenta tres factores:

- El Estado Financiero de la Organización
- La provisión de Dios, pero también...
- La condición financiera de la gente

Pasar por alto todo lo anterior, significa emprender proyectos "en fe" para "la gloria de Dios", sí; pero pueden significar una carga muy pesada para el pueblo... Por eso mucha gente se ha salido de las Organizaciones e iglesias, por la interminable demanda de dinero para proyectos y actividades.

Capítulo 7. Recluta, entrena y posiciona líderes

Principio 25. Un líder cristiano solitario no va lejos ni logrará todos sus objetivos.

Entre más va ensanchando el líder su visión y su potencial, más incapacitado y solo se siente para alcanzar todas sus visiones; siempre andará necesitando gente idónea para embarcarlas con él. Por tal motivo el líder es un cotidiano cazador de talentos.

La necesidad de ir ensanchando la plantilla de liderazgo

Toda organización al ir ensanchándose, debe crear nuevos cargos y líneas de liderazgo para reclutar, capacitar, emplear y beneficiar a su gente idónea.

A La caza de talentos

Siempre ando buscando futuros colaboradores: Me fijo en su potencial, en sus conocimientos, su preparación académica, dones, habilidades y talentos. Es más fácil encontrar líderes seculares que líderes cristianos, porque éstos últimos deben tener también frutos cristianos y la manifestación del Fruto del Espíritu.

Una vez encontrado al prospecto ideal para liderazgo, debe ser entrenado antes, y también durante su desempeño, porque el líder nunca debe dejar de crecer.

Recluta gente apta para el liderazgo

Principio 26. El buen líder trabaja permanentemente reclutando y desarrollando nuevos líderes.

Toda persona fiel y apoyando a la Organización, recomendada por sus líderes inmediatos, es apta para ser reclutada, entrenada y nombrada según sus competencias, en los distintos cargos administrativos y de liderazgos creados.

Preparando el pase de estafeta

Ningún líder es eterno. En algún momento debe entregar su liderazgo a otro líder.

Una labor inherente a todo liderazgo, debe ser la formación de líderes para todas las áreas de la organización, incluyendo a quien será su sucesor.

En algún momento llegará el tiempo de pasar la estafeta a otro líder. Pero, ¿a quién pasarás la estafeta si no estás reclutando ni entrenando anticipadamente a nadie?

Todos hemos de llegar a nuestro punto de alta incompetencia, cuando ya somos incapaces de hacer bien nuestro trabajo; quizá alargamos ese momento instruyéndonos continuamente y asegurándonos la colaboración de otros líderes idóneos... pero ese día llegará...

Recomendamos **no reclutar ni entrenar a nadie para el liderazgo** si no cumplen con el perfil básico para cada posición requerida.

Recluta y forma tus posibles líderes sucesores

Una de las graves fallas en el liderazgo: los líderes no están formando líderes de su nivel, que le sustituyan. Quizá porque piensan no es su responsabilidad, sino de la Organización la formación del liderazgo. Pero una cosa es la formación de líderes bajo la tutela o mentoría de otro líder y otra, la asignación de liderazgo, facultad de la Organización.

Todo líder tiene la responsabilidad de formar nuevos líderes de distintos niveles, incluyendo su propio nivel. El líder debe ser un preparador de líderes aptos para sustituirle llegado el momento.

Selecciona muy bien a tus pupilos

Invierte y dedica tiempo en desarrollar a los más aptos, fieles y temerosos de Dios, para el liderazgo. Son ellos quienes te darán la mayor satisfacción como mentor.

Así que, recibiendo nosotros un reino inconmovible, tengamos gratitud, y mediante ella sirvamos a Dios agradándole con temor (eulabeias) y reverencia (aidous); (Hebreos 12:28).

Eulabeia y aidos son dos palabras griegas; ellas dan la pauta para agradar a Dios con nuestro servicio: el temor a Dios, que es la mezcla de amor, respeto, reverencia, y recato o vergüenza de cometer un acto indigno.

Factores que descalifican para liderazgo
—El mal matrimonio del líder

No confíes liderazgo a un creyente cuyo matrimonio no sea saludable. El estado de su matrimonio es un anticipo de cómo realizará su liderazgo.

—Sus tantos problemas

Muchos buenos líderes se tornan infructíferos por atender tantos problemas conyugales y familiares y demás. Nadie está libre de problemas, pero hay quienes no salen de uno y ya cayeron en otros por un mal matrimonio o por una mala familia; así no se puede liderar... ni hacer nada.

La fidelidad a Dios es evidencia de temor a Él

Un hombre criado con valores, reglas y disciplina, si las vive, será un hombre útil; y si además recibió la instrucción de la Biblia y tiene el temor de Dios, será un hombre fructífero en la Viña del Señor.

Una forma de demostrar el temor a Dios es la fidelidad; la infidelidad a Dios revela no temor a Él.

San Pablo dijo acerca de los incrédulos y corrompidos:

*Profesan conocer a Dios, **pero con los hechos lo niegan**, siendo abominables y rebeldes, reprobados en cuanto a toda buena obra. (Tito 1:16).*

Aplicando este pensar a quienes no son fieles a Dios:

Profesan temer a Dios, pero al ser infieles lo niegan...

Fidelidad vs. preparación

Si tuvieras que elegir para una asignación de liderazgo entre un hombre fiel a Dios y temeroso de Él, y un hombre preparado, ¿con cuál te quedarías?

¿Vale más la preparación académica o la fidelidad a Dios?

He trabajado muy a gusto con personas fieles a Dios con sus finanzas: sus diezmos, primicias y ofrendas. He tenido buenas experiencias y resultados con ellas... no así con los otros...

El hombre fiel a Dios con sus finanzas, probablemente sea fiel en muchas otras áreas de su vida y muy posible sea fiel y respetuoso en sus asignaciones de liderazgo. En cambio, quien no es fiel a Dios con sus finanzas, pudiera ser infiel en muchas otras áreas de su vida y, por lo tanto, no será fiel ni respetuoso en sus asignaciones de liderazgo.

No le confieras responsabilidades, menos liderazgo a quien no es fiel a Dios, porque... Aunque suene fuerte y drástico...

Quien dice temer a Dios, pero no le es fiel, no le teme. Quien no tiene temor de Dios, no tiene temor de nada ni de nadie; entendiendo aquí como temor esa santa mezcla hacia Dios de: amor, respeto, reverencia, reconocimiento, vergüenza de hacer algo malo.

Quien no puede dar fielmente a Dios lo que a Dios pertenece, menos se lo dará al César... Si posicionas en liderazgo a una persona infiel a Dios solamente te traerá problemas y no resultados.

La falta de preparación puede suplirse con la enseñanza, pero ser infiel a Dios no es problema de enseñanza... es disposición del corazón indiferente y alejado de Dios...

No deseches de inmediato a nadie

Una de las principales labores del líder evangélico es motivar y contribuir a la mejoría de su gente. Esto no es fácil. Me ha parecido muchas veces que alguien no va a mejorar y así no podrá ser útil a la Organización; sin embargo, procuro no desecharlo pronto. Voy prolongando el momento, esperando y motivando los cambios junto con mis líderes de apoyo.

Capítulo 8. Los principios que rigen al Liderazgo Cristiano

Principio 1: No habrá líder evangélico creíble si no hay buen testimonio.

Principio 2. El liderazgo en cualquier grupo evangélico siempre debe recaer en una persona evangélica madura, nunca en un neófito.

Principio 3. El líder evangélico debe poseer las competencias propias para la labor de liderazgo.

Principio 4. Lo primero en atraer a la gente hacia el líder cristiano es su buen testimonio.

Principio 5. La evidencia de un liderazgo genuinamente evangélico, es la llenura del Espíritu Santo.

Principio 6. El líder cristiano siempre está aportando beneficios a sus seguidores.

Principio 7. El liderazgo cristiano es facilitar a otros: recursos técnicos, materiales, espirituales y ministeriales para desarrollarlas, dirigirlas y apoyarlas con sabiduría...

Principio 8. El líder cristiano logra los objetivos corporativos, pero también ayuda a su gente a alcanzar sus objetivos personales.

Principio 9. El liderazgo evangélico genuino es un llamado de Dios.

Principio 10. En el liderazgo cristiano no hay líneas de poder, sólo de comunicación.

Principio 11. La única motivación del genuino líder cristiano es ser servidor de quienes lidera.

Principio 12. El líder cristiano no se enseñorea de su gente, es servidor de ellos.

Principio 13. Un recurso propio del líder cristiano es el respaldo de Dios.

Principio 14. Los objetivos principales del liderazgo cristiano giran en torno al cumplimiento de La Gran Comisión; si no es así, no es liderazgo cristiano.

Principio 15. No es el evangélico con todas las competencias quien debe ser líder, sino quien también sea temeroso de Dios y muestre en su vida la dirección y la manifestación del Espíritu Santo.

Principio 16. El líder cristiano felicita y reconoce en público a su gente, pero corrige en privado.

Principio 17. El líder cristiano jamás cierra las puertas definitivamente a nadie, siempre deja oportunidades de reiniciar una relación.

Principio 18. El liderazgo carente del Fruto del Espíritu no es liderazgo cristiano: Es liderazgo humano, carnal, diabólico...Sus armas son: El autoritarismo, la imposición, la intimidación, la manipulación, y la difamación.

Principio 19. El activo más valioso que tiene todo líder para administrar y desarrollar son los recursos humanos.

Principio 20. Un líder sin gente idónea ayudándole, no llegará a ninguna parte.

Principio 21. Quien tiene potencial de liderazgo, todo lo que haga o deje de hacer en su vida personal y dentro de su Organización, le serán escaños para su ascenso, o socavones para su descenso.

Principio 22. El líder es proactivo, productivo y creativo; ama estar creciendo y estar ocupado productivamente.

Principio 23. El líder desarrolla su vida en base a sus prioridades y a las de su Organización; no en las prioridades de otros.

Principio 24. El líder evangélico puede mantener un ambiente de trabajo lleno de paz, diálogo respetuoso y acuerdos que se respeten.

Principio 25. Un líder cristiano solitario no va lejos ni logrará todos sus objetivos.

Principio 26. El buen líder trabaja permanentemente reclutando y desarrollando nuevos líderes.

Principio 27. El líder, es oveja, es parte de un rebaño, tiene un pastor, y trabaja dentro de una A. R.

Conclusión

Necesitamos urgentemente para nuestras congregaciones y organizaciones cristianas líderes cristianos visionarios, preparados secular y ministerialmente, espirituales, de alta moralidad y conducidos por el Espíritu de Dios.

Si queremos tener líderes evangélicos saludables, espirituales y competentes para esta generación, debemos estar trabajando en formarlos.

Una vida cristiana, un ministerio y un liderazgo cristiano agradable a Dios, llena del Espíritu Santo, y fructífera, se edifica con mucha Palabra de Dios, rodillas y santidad.

Tu hermano en Cristo: Genaro Poot May.

###

Acerca del autor

Estudié Contaduría Pública, y soy Lic. En Teología, por el Seminario Bíblico Mexicano, de la Iglesia de Dios en México Evangelio Completo, A. R.

Por algunos años trabajé en dos o tres despachos contables y llegué a tener uno propio; me gustó mucho la carrera contable, pero Dios tenía otros planes para mí.

Con mi conversión a Cristo vino mi llamado al Ministerio, y por más de 20 años fui Pastor, maestro y conferencista en la Iglesia de Dios en México, Evangelio Completo, A. R., en la Península de Yucatán, México. También me desempeñé ahí como Director y maestro del Instituto Bíblico por Extensión, por más de diez años, preparando Pastores y líderes.

He colaborado en distintas iglesias, preparando pastores, líderes y servidores.

Pastor, maestro, conferencista, evangelista, misionero, Youtuber, bloguero, informático, matemático; siempre aprendiendo...

Actualmente formo parte de la Directiva de la Iglesia Internacional del Evangelio de Cristo, A. R.

Doy gracias a Dios por vivir en esta época tan llena de oportunidades de aprendizaje y desarrollo, y con tanta tecnología para bendecir a más gente con su Palabra.

Conéctate conmigo en línea:

E-mail: genaropm@hotmail.com

Twitter:[1] https://twitter.com/genaropm

Facebook:[2] https://www.facebook.com/genaro.poot.3

https://www.facebook.com/DesarrolloIntegralCristiano/

Smashwords:[3] https://www.smashwords.com/profile/view/GenaroPoot

Mi blog[4]: http://tuliteratura-cristiana.blogspot.mx

Mi canal de YouTube[5]: https://www.youtube.com/channel/UCtlPn7eAki74zaz1bGtXC4A

---

1. https://twitter.com/genaropm

2. https://www.facebook.com/genaro.poot.3

3. https://www.smashwords.com/profile/view/GenaroPoot

4. http://tuliteratura-cristiana.blogspot.mx

5. https://www.youtube.com/channel/UCtlPn7eAki74zaz1bGtXC4A

Notas

Todas las citas bíblicas, salvo indicación contraria, han sido tomadas de la versión Reina Valera Revisada (1960). 1998. Miami: Sociedades Bíblicas Unidas.

Todos los análisis de palabra griegas, salvo indicación contraria, han sido tomados de: Vine, W. Vine diccionario expositivo de palabras del Antiguo y del Nuevo Testamento exhaustivo, Ed. electrónica.

Don't miss out!

Visit the website below and you can sign up to receive emails whenever Genaro Poot May publishes a new book. There's no charge and no obligation.

https://books2read.com/r/B-A-YXIIB-ITNHD

BOOKS 2 READ

Connecting independent readers to independent writers.

Also by Genaro Poot May

El Predicador Efectivo
Evangelismo Personal
¿Quién Es Jesús?
Hacia Un Mejor Culto A Dios
¿Aprueba Dios El Culto A Las Imágenes?
Se Busca Una Iglesia...
El Pastor Efectivo
Cómo Lograr Tu Éxito Financiero
La Iglesia En Grupos Pequeños
Haz Crecer Tu Iglesia
Operaciones Con Fracciones
El Líder Cristiano